Aslı Özkırım

TÜBİTAK
POPÜLER BİLİM KİTAPLARI

TÜBİTAK Popüler Bilim Kitapları 441

Arılar Şatosu
Aslı Özkırım
Resimleyen: Mehmet Öğüş

© Türkiye Bilimsel ve Teknolojik Araştırma Kurumu, 2012

Bu yapıtın bütün hakları saklıdır. Yazılar ve görsel malzemeler,
izin alınmadan tümüyle veya kısmen yayımlanamaz.

*TÜBİTAK Popüler Bilim Kitapları'nın seçimi ve değerlendirilmesi
TÜBİTAK Kitaplar Yayın Danışma Kurulu tarafından yapılmaktadır.*

ISBN 978 - 975 - 403 - 704 - 3

1. Basım   Kasım 2012 (2500 adet)

Genel Yayın Yönetmeni: Dr. Zeynep Ünalan
Yayın Yönetmeni: Dr. Oğuzhan Vıcıl
Mali Koordinatör: H. Mustafa Uçar
Telif İşleri Sorumlusu: İhsan Erdem Kayral

Grafik Tasarım: Elnârâ Ahmetzâde
Basım İzleme: Yılmaz Özben

TÜBİTAK
Kitaplar Müdürlüğü
Atatürk Bulvarı No: 221 Kavaklıdere 06100 Ankara
Tel: (312) 427 06 25 Faks: (312) 427 66 77
e- posta: kitap@tubitak.gov.tr
www.kitap.tubitak.gov.tr
esatis.tubitak.gov.tr

Korza Yayıncılık Basım San. ve Tic. Ltd. Şti.
Yenice Mah. Çubuk Yolu Üzeri No: 3 Esenboğa - Çubuk 06760 Ankara
Tel: (312) 342 22 08 Faks: (312) 341 14 27

Doktora çalışmasını arılar üzerine yapmış olan
Yrd. Doç. Dr. Aslı Özkırım'ın masallaştırdığı bu kitabı
keyifle okumanız dileğiyle...

Bana inanan, güvenen ve desteğini hiç esirgemeyen tüm sevdiklerime...
Özellikle de iki minik arım, güzel kızlarıma...

Yrd. Doç. Dr. Aslı Özkırım

Masal dinlemeyi seven küçük arılar için...

Bu kitabın hazırlık sürecindeki katkılarından dolayı Aygün Yalçınkaya ve Taner Müftüoğlu'na çok teşekkür ederim.

RENK RENK ÇİÇEKLER ÜLKESİ

Kimi zaman çok uzaklarda, kimi zaman çok yakınlarda; yerini kimsenin bilmediği, belki de herkesin bildiği çok güzel bir ülke varmış. Bu ülkede, renk renk çiçekler sevgiyle açar; her gün mavi, pembe, sarı, turuncu, kırmızı, mor, eflatun renkteki birçok çiçek neşe içinde şarkı söylermiş. Her yerin yemyeşil çimenlerle kaplı olduğu, tertemiz derelerin aktığı, çiçeklerin şarkılar söylediği bu mutlu ülkenin adı, Renk Renk Çiçekler Ülkesi'ymiş.

Bu ülkede çiçeklerle birlikte, onlardan hiç ayrılmayan arılar da yaşarmış. Arılar kovan denen beyaz, büyük ve gösterişli bir şatoda otururmuş.

Bu şatoyu ve Renk Renk Çiçekler Ülkesi'ni Kraliçe Arı yönetirmiş. Ülkede yaşayan tüm çiçekler ve arılar Kraliçe Arı'nın her dediğini yaparmış. Şatoda Kraliçe'den başka birçok prensesle prens de varmış. Her gece yeni bir eğlence düzenlenir; prensler prenseslerle dans edip şarkı söylermiş.

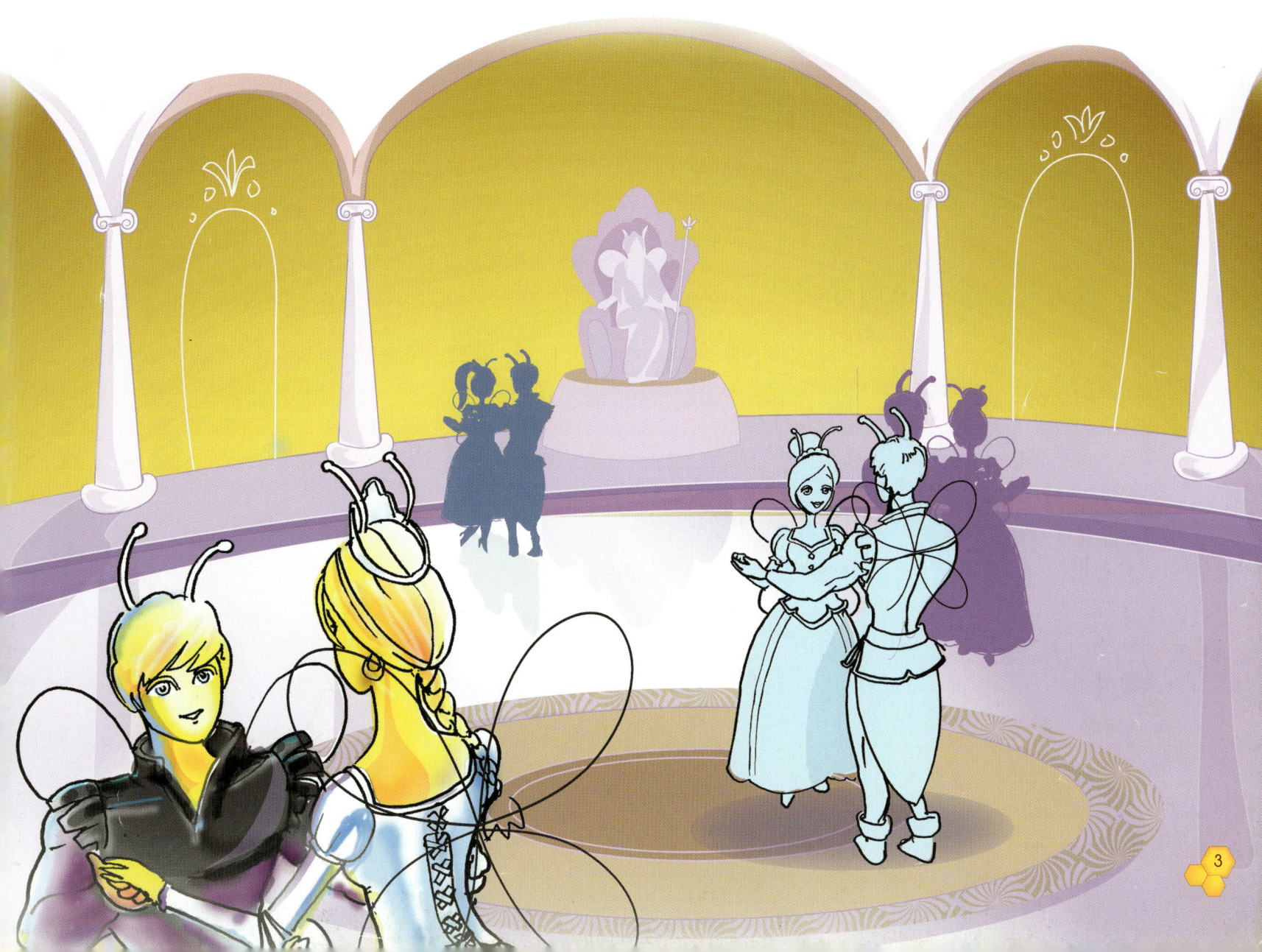

Sabah olduğunda, prenseslerin küçük olanları neşeyle şatonun dışına çıkar ve renk renk çiçeklere konarak şarkı söylemeye devam ederlermiş. Prensler ise şatonun etrafından fazla uzaklaşmazlar, Kraliçe'yi tehlikelerden korurlarmış.

Şatoda kalan diğer prensesler Kraliçe'nin bebek arılarına bakar, sütlerini içirir ve uyuturlarmış. Yaşları daha büyük olan abla prensesler ise, şatonun her gün temiz olmasını ve yemeklerin hazırlanmasını sağlarmış.

Herkesin sevgiyle dans ettiği ve çiçeklerle arıların çok yakın dost olduğu Renk Renk Çiçekler Ülkesi'nde günler büyük bir mutlulukla geçiyormuş.

Aylar sonra bu güzel ülkeye kış gelmiş ve güneşin başka ülkeleri ısıtmak üzere uzaklaşması gerekmiş. Bu nedenle hava birden soğumaya başlamış. Soğuğa dayanamayan narin çiçekler birer birer solmuş. Prenses arılar, hızlıca kovan adındaki şatolarına dönmüş ve tüm kapıları kapamış. Şatonun üzerine bembeyaz karlar yağmış.

Bütün arılar, çiçek arkadaşlarına ne olduğunu çok merak ediyor, fakat ne yazık ki soğuktan dolayı bir türlü dışarıya çıkamıyorlarmış. Bir süre sonra karınları da acıkmaya başlamış. Yavru arılar, ablalarına ve Kraliçe'ye "mama, mama" diye ağlıyorlarmış.

Kraliçe arı sonunda, her türlü tehlikeye ve soğuğa rağmen kovandan çıkarak Güneş'le konuşmaya karar vermiş. Güneş'le konuşmazsa, Renk Renk Çiçekler Ülkesi yok olacakmış. Yanına birkaç genç arı alan Kraliçe, çok zor bir yolculuktan sonra Güneş'e ulaşmış.

Kraliçe Arı Güneş'e:
- Sevgili Güneş, sıcak Güneş biz sensiz yaşayamayız, sen olmadığında nasıl da üşüyoruz, sen bizim için çok önemlisin. Çiçekler de ancak sen varken açabilir; biz senin o güzel yüzünü görünce neşeleniyor ve şatomuzdan çıkıp çiçeklerle birlikte sana teşekkür etmek için şarkı söylüyoruz. Lütfen sen de bize katıl, eski mutlu günlerimize geri dönelim, demiş.

Güneş gülümseyerek:
- Zaten benim de sizin ülkenize dönme zamanım gelmişti, demiş.

Güneş'in gülen yüzü Renk Renk Çiçekler Ülkesi'ni tekrar ısıtmış ve toprakta kırmızı, mavi, sarı, mor, pembe renkte birçok çiçek açmış. Arılar ve çiçekler Güneş'le birlikte eski mutlu günlerine geri dönmüşler.

Arılar ve çiçekler, Güneş'in zamanı gelince diğer ülkeleri de ısıtmak üzere seyahate çıkması gerektiğini öğrenmişler.

Herkes, Güneş giderse havanın soğuyacağını ve şatodan çıkamayacakları için aç kalacaklarını biliyormuş.

Arıların yardımına yine en yakın arkadaşları olan çiçekler koşmuş. Her bir çiçek, solmadan önce prenses arılara şatoya götürmesi için çiçek suyu verebileceğini söylemiş. Arılar bu duruma önce çok sevinmiş, fakat daha sonra bu çiçek sularını Güneş geri dönünceye kadar neyin içinde saklayacaklarını bilememişler.

Bunun üzerine Kraliçe Arı, tüm ülkede bir yarışma düzenlemiş. Çiçek suyunu saklamaya en uygun kabı yapana ödül olarak taç takılacakmış. Ama çiçek suyu çok çabuk dökülüyor, hiçbir kapta durmuyormuş.

Çok akıllı ve çalışkan prensesler olan iki kardeş Mini ve Piti, çiçek suyunun tadını çok merak etmişler. Çünkü daha önce şatodan hiç çıkmamışlar ve çiçek arkadaşlarıyla henüz tanışmamışlar.

Ağızlarına aldıklarında ise tadını daha iyi anlayabilmek için hemen yutmamışlar. Fakat birdenbire ne görsünler; çiçek suyu ağızlarında durdukça sakız gibi uzamaya ve yapışkan olmaya başlamış. Ellerine aldıklarında ise yapışkanlık daha da artmış. Artık eskisi gibi kolay dökülmüyormuş. O günden sonra Mini ve Piti, hergün az miktardaki çiçek suyunu ağızlarında bekletip farklı şekillerde hazırladıkları kaplara boşaltmaya ve en uygun çiçek suyu kabını bulmaya çalışmışlar.

   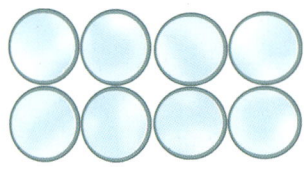

Günler geçmiş, yarışmanın sona ermesine çok az bir zaman kalmış. Mini'nin seçtiği üçgen şeklindeki kap hem çok az çiçek suyu alıyormuş hem de üçgenler yan yana geldiğinde aralarında boşluklar kaldığından, çok fazla yer kaplıyormuş.

Kare ve dikdörtgen şekillerini de denemişler. Bu şekiller, yan yana dizildiklerinde aralarında boşluk kalmıyormuş ama yine de içlerine doldurulan çiçek suyu, şatodaki arılara kış mevsimi boyunca yetecek kadar değilmiş.

Kare şeklindeki kabı nasıl genişletebiliriz diye düşünürken, bir yanından Mini, diğer yanından Piti çekiştirmiş, düzeltmiş ve dört kenarlı kareye, iki kenar daha eklemişler. Oluşan şeklin adı "altıgen"miş. Hem daha çok çiçek suyu alıyor hem de yan yana dizildiğinde aralarında hiç boşluk kalmıyormuş.

Büyük bir heyecanla bu yeni buluşlarını Kraliçe'ye sunmuşlar. Kraliçe, çiçek suyunun ağızda bekletilmesiyle meydana gelen bu yeni ve daha tatlı şeklini görünce çok şaşırmış. Ve bu yeni şekliyle çiçek suyunun adını "*bal*" koymuş. En uygun bal kabına ise Kraliçe'nin emriyle, o günden sonra "*petek*" denmiş.

Mini ve Piti yarışmayı kazanıp taçlarını almışlar. Bu arada zaman geçmiş, mevsimler değişmiş ve Güneş tekrar Renk Renk Çiçekler Ülkesi'ne dönmüş.

Arılar artık Güneş varken çiçeklerle dans edip şarkı söylüyor, onların çiçek sularını topluyor ve kış gelince yemek için şatolarındaki peteklere koyuyorlarmış. Tabii koymadan önce ağızlarında bekletip "*bal*" yapmayı unutmadan...

Güneş, diğer ülkelerden geri döndüğünde, arıların şatosundaki telaşlı hâli görünce çok şaşırmış. Bazıları şatodan çıkıyor, bazıları da ellerinde yükle geri dönüyormuş. Neler olduğunu bir türlü anlayamayan Güneş, dayanamayıp Kraliçe Arı'ya sormuş:

- Sevgili Kraliçem, arılarınıza ne oldu böyle? Harıl harıl çalışıyorlar ve devamlı birşeyler taşıyorlar.

Kraliçe sevgiyle gülümsemiş ve anlatmaya başlamış:

- Hatırlarsan, gitmen gerektiğinde, sevgili çiçek dostlarımız aç kalmamamız için bize çiçek sularını vermişlerdi.

- Evet hatırlıyorum, demiş Güneş heyecanla. Hatta, Mini ve Piti, çiçek suyundan çok güzel bir şey yapmışlardı. Hımm adı neydi?

- "Bal", demiş Kraliçe. İşte o balı arılarım öyle sevdiler ki! Bal yemeye başladıklarından beri hem çok daha hızlı büyüyorlar hem de çok daha uzaklara uçabiliyorlar. Biliyor musun artık hastalanan arı da yok şatomuzda; bal onların sağlıklı kalmasını sağlıyor. Bundan böyle her gün çiçek suyu taşımaya ve bal yapmaya karar verdik. Bir kısmını yemeye devam edeceğiz, bir kısmını da petek şeklindeki bal kaplarımızda saklayacağız. Böylelikle, seni çok sık göremediğimiz kış aylarında da hem aç kalmayacak hem de sağlıklı olacağız!

Güneş bunları duyduğuna gerçekten çok sevinmiş ve Kraliçe'yi bu yeni keşiflerinden dolayı kutlamış. Büyük bir mutlulukla arıların çalışmasını izlemeye devam ederken, bir de ne görsün! Arıların en yaramazı olan Polen, yine üstünü başını kirletmiş, şatoya geliyormuş. Fakat bu sefer, üstünü kirleten şey çok farklı görünüyormuş. Az sonra Polen'in bekçi arılara anlattıklarını duymuş:

- Ben sadece arkadaşım Sarı Çiçek'ten çiçek suyu almak için gitmiştim. Ayağım yaprağa takılınca olanlar oldu. Çiçeğin içine yuvarlandım ve her tarafım sarı çiçek tozu oldu.

- Temizlikçi arılar seni asla bu şekilde içeri almaz. Üstünü temizlemelisin, demiş bekçiler.

Polen, mutsuz bir şekilde oturup, üstünü temizlemeye çalışırken, arkadaşı Fırfır onu fark etmiş. Fırfır, şatonun gerçekten de en düzenli arısıymış. Her zaman kıyafetlerine özen gösterir, saçlarını devamlı tarar, renk renk, değişik tokalar takarmış. Polen, Fırfır'dan yardım istemiş. Fırfır:

- Biliyorsun asla kirli şeylere dokunamam, ama istersen sana elbise fırçamı verebilirim, demiş.

Polen çok sevinmiş ve fırçayla üzerindeki tüm tozları toplamış. Biraraya toplanan tozlar, büyümüş büyümüş ve top hâline gelmiş. Yaramaz Polen dayanamamış ve başlamış bu topla oynamaya.

Topu havaya her attığında bir kısmı eline yapışıyor, elindeki yapışkandan çok rahatsız oluyormuş. Tam bu sırada yaramaz Polen, Kraliçe'ye yakalanmış.

Kraliçe topu görür görmez çok kızmış!
- Bu çiçek tozu topunu nereden buldun? Bu tozlar, çiçeklerin en değerli varlığıdır. Başka çiçeklerin tozlarıyla birleşir ve yeni çiçekler olur. Aynı zamanda çiçekleri hastalıklara karşı korurlar, demiş Kraliçe.

- O zaman hasta olmamak için biz de bu tozlardan yiyelim, demiş Polen.

Kraliçe biraz düşünmüş ve ardından Polen'e bir dahaki sefere çok daha dikkatli olmasını ve düşmemesini öğütleyip Sarı Çiçek'i ziyarete gitmiş.

Giderken de Sarı Çiçek'ten özür dilemeyi ve tozlarını ona geri vermeyi düşünüyormuş.

Kraliçe, Sarı Çiçek'i görünce çok şaşırmış. Çünkü çiçek, tozlarını kaybettiği için üzgün olması gerekirken, aksine çok sevinçliymiş.

Sarı Çiçek, Kraliçe'nin sormasını beklemeden açıklamış.

- Sevgili Kraliçem bugün Polen çiçek suyumu alırken içime yuvarlandı ve üstü başı benim tozlarımla kaplandı. Aslında önce biraz üzüldüm. Ama sonra istemeden olduğu için Polen'e kızmadım. Daha sonra kuşlardan öğrendiğime göre, Polen taaa öbür bahçede yaşayan arkadaşım Pembe Çiçek'e de gitmiş ve kirli üstüyle onun tozlarına da değmiş. Böylece, üstünde taşıdığı benim sarı tozlarımla arkadaşım Pembe Çiçek'in pembe tozları birleşmiş! Şimdi bir sürü yeni çiçek çıkacak topraktan, çünkü, eminim, arkadaşım Pembe Çiçek birbirine yapışan pembe ve sarı tozları toprağa serpecek ve yepyeni çok güzel çiçekler olacak! Ben bunu tek başıma başaramazdım. Biliyorsunuz çiçekler yürüyemezler. Yaptıkları için, benim yerime Polen'e teşekkür edin lütfen, demiş.

Kraliçe duyduklarına inanamamış. Ve hemen aklına çok güzel bir fikir gelmiş.

- Güzel çiçeğim, arılarım bundan sonra sizden her çiçek suyu almaya geldiğinde tozlarınızı da alsa ve bu tozları en uzaklardaki çiçeklere taşıyarak yeni çiçeklerin olmasına, ülkemizin daha çok çiçekle dolmasına yardım etse, ne dersiniz? diye sormuş.

Sarı Çiçek bu fikre bayılmış. Kraliçe'ye dönerek:

- Yaşasın! diye sevinçle bağırmış. Fakat, tozlarımızı taşımak zor iştir. Toz taşımak için çok daha güçlü ve hızlı olmak gerekir. Bu yüzden çiçek tozlarından arılarınız da hergün yemeli! demiş.

Kraliçe, Sarı Çiçek'in bu önerisini memnuniyetle kabul edip şatoya dönmüş. Tüm arıları toplamış ve olanları anlatmış. Bütün prens ve prenses arılar, Polen'i alkışlamış. Kraliçe, Polen'in çiçek tozunun taşınmasındaki katkısından dolayı çiçek tozlarına onun adını vermiş. Ve şatodaki tüm arılara çiçeklerden çiçek suyuyla birlikte polen de toplamalarını ve birazını diğer çiçeklere götürürken, birazını da şatoya getirmelerini istemiş. Böylelikle şatodaki tüm arılar, çok daha sağlıklı bir şekilde ve daha hızlı büyüyerek çalışmaya devam etmişler.

Arılar şatosu, renkli ve hızlı yaşantısına devam ederken Kraliçe gün geçtikçe arılarının bu hızlı çalışmasını takip edemez olmuş. Artık gözleri iyi görmüyor, kulakları iyi duymuyormuş. Bazen genç prenseslerin sorduğu sorulara cevap bile bulamıyormuş. Kraliçe olmak, şatoyu yönetmek ve tüm işlerin düzenli bir şekilde yapılmasını sağlamak, hem çok zevkli hem de çok zor bir işmiş.

Kraliçe, artık bu işleri yapamayacak kadar yaşlandığını anlamış ve kendine şatonun en sakin ve güzel bir yerinde oda hazırlatmış.

Ardından şatodaki tüm arılar toplanarak en akıllı, en çalışkan, en uslu, yemeklerini güzel yiyen ve süt içmeyi en çok seven yavru arının Kraliçe olarak büyütülmesine karar vermişler.

Seçtikleri yavru arıya, her gün diğer yavrulardan çok daha fazla arı sütü içirmişler, kraliçe olmanın kurallarını öğretmişler. Yemeklerini güzelce yemiş, tüm dersleri iyice dinlemiş ve diğer yavrulardan çok daha hızlı büyüyerek genç ve güzel bir kraliçe olmuş.

Şatodaki tüm arılar yeni kraliçeye hayran olmuşlar, ondan bir türlü gözlerini alamıyorlarmış.

Arılar, Yeni Kraliçe'yi yanlarına alarak Yaşlı Kraliçe'nin yanına gitmişler. Yaşlı Kraliçe, Yeni Kraliçe'yi görünce gözlerine inanamamış. Arılar:

- Saygıdeğer Kraliçem, biz Yeni Kraliçemizi besledik, büyüttük. O da böyle güzel ve akıllı bir kraliçe oldu, demişler.

İşte o an Kraliçe, kendisinin de bir zamanlar yaşlı bir kraliçenin yerine geldiğini hatırlamış. Görevini yapmaya başladığı ilk günler nasıl da heyecanlı olduğunu yıllardır hiç unutamamış. Gözleri yaşla dolmuş, büyük bir olgunlukla yerinden kalkmış ve:

- Sevgili Kraliçem bu taht sizindir. Bundan sonra, şatoyu siz yöneteceksiniz. Size verilen öğütleri sakın unutmayın, arılarımı hep koruyun ve onlara yol gösterin, başarılar dilerim, diyerek şatonun en güzel köşesindeki dinlenme odasına taşınmış.

Orada günlerini bebek arılara masallar anlatmakla ve onlarla oyun oynamakla geçirmiş. Böylelikle, yıllarca şatoyu yönetmenin yorgunluğundan kurtulup dinlenmeye çalışmış.

Yeni Kraliçe'nin gençliği ve güzelliği, arılara yeni bir güç vermiş. Neşeyle şarkı söyleyip çiçeklerden çiçek suyu ve polen taşımaya, bal yapmaya devam etmişler. Hem de büyük bir zevkle…

BEBEK ARILAR

Renk Renk Çiçekler Ülkesi'nde hayat, Yeni Kraliçe ile birlikte mutlu bir şekilde devam ederken, Yeni Kraliçe ülkenin başına geçtikten kısa bir süre sonra, bir Prens Arı ile evlenmeye karar vermiş. Bu habere herkes çok sevinmiş. Ülkede şenlikler düzenlenmiş, şato çiçeklerle süslenmiş, kırk gün kırk gece düğün yapılmış.

Çok geçmeden ikinci bir mutluluk haberi ülkenin dört bir yanına yayılmış: Kraliçe hamileymiş. Bundan sonra şatoda minik minik bir sürü bebek arı dolaşacakmış. Kraliçe Arı'nın çok fazla bebeği doğacağından, hepsine bakabilmesi zormuş.

Ama bu konuda Kraliçe'nin en önemli yardımcıları genç prenses arılar olmuş. Prenses arılar kardeşlerini öyle çok seviyormuş ki onlara sütlerini içiriyor, uyutuyor, oyun oynatıyor, şatonun kurallarını öğretiyormuş. Bebek arılar dünyaya geldikten sonra, şatodaki günler çok daha hızlı geçmeye başlamış. Genç prensesler, her zamanki gibi aralarında işbölümü yapıyor ve böylece işleri daha hızlı bitiriyormuş. Genç prenseslerin küçük olanları çiçeklere çiçek suyu ve polen toplamaya giderken, şatoda kalan diğer prensesler, Kraliçe'nin yavru arılarına bakar, sütlerini içirir ve uyuturlarmış.

Bazı sabahlar, genç prensesler, çiçek suyu toplamak yerine, kardeşleriyle oynamak istiyorlar, bebek arılar ise onlarla çiçeklere gitmek için ağlıyormuş.

Yine böyle bir sabah, genç prenseslerden biri bebek arının ağlamasına dayanamamış ve onu da kucağına alarak gizlice çiçeklere doğru uçmuş. Bebek arı, ilk defa dışarı çıkıyormuş. İlk dakikalarda hoşuna giden uçma hissi, sonradan korkuya dönüşmüş ve bebek arı ağlamaya başlamış. Genç prenses, bebek arıyı bir türlü susturamamış. Bebek arı ağladıkça, prenses ne yapacağını şaşırmış ve paniğe kapılmış.

Birlikte tam çiçeğe konacakken, ağlama sesinden korkan çiçek titremiş ve bebek arı yaprakların arasına bir yere yuvarlanmış. Genç prenses telaşla "Arıcııııııkkkkk" diye seslenmiş; ama bebek arı o kadar küçükmüş ki yaprakların arasında onu görebilmek çok zormuş.

Genç prenses telaşla şatoya geri dönmüş. Herkese aynı anda ve çabucak haber verebilmek için, arıların her zaman kullandığı yöntemle, arı balesi yaparak olanları anlatmış. Yaptığı dansla, bebek arının nasıl ellerinden kayıverdiğini, nereye yuvarlandığını öyle güzel anlatmış ki tüm prensler ve prensesler, Renk Renk Çiçekler Ülkesi'ne dağılmış.

Bütün yaprakların altında bebek arıyı aramaya başlamışlar. Kraliçe Arı şatoda çok üzgünmüş ve bebeğini bulmaları için dua ediyormuş. "Hava artık soğumaya başladı, kimbilir nasıl üşüyordur! Karnı da acıkmıştır." diye ağlıyormuş.

Kısa bir süre sonra güzel prenseslerden biri, havada neşeyle dans etmeye ve şarkı söylemeye başlamış. "Vızzzzzz, vızzzvızzzz, vızz, vızzzzzzzz, vızzz!" Diğer arılar, onun bu neşeli dansından, bebek arının bulunduğunu anlamış. Kraliçe'ye bu mutlu haberi vermek için herkes sevinçle şatoya dönmüş.

Kraliçe, yavrusuna kavuştuğu için çok mutluymuş. Bebek arı, karnı doyduktan sonra, derin ve tatlı bir uykuya dalmış. Ardından Kraliçe Arı tüm arılarına dönerek:

- Biz anne ve babalar tabiî ki çocuklarımızın her istediğini yapmak isteriz. Onları üzmeyi hiç istemeyiz. Bazen, onların ağlamalarına dayanamayız. Fakat bazı istekler daha sonra çok tehlikeli olabilir. Bebek arı, daha henüz dışarı çıkmaya hazır değildi. Genç prenses ağlamasına dayanamadığı için onu dışarı çıkardı. Peki ya bebek arıyı hiç bulamasaydık? O zaman hepimiz günlerce ağlayacaktık. Biz büyükler, yapmak istediklerinizin bazılarına izin vermiyorsak, bilin ki sizin için tehlikeli olabilecek şeylerdir, demiş.

O günden sonra genç prenses ve diğer arılar bu olayı asla unutmamış ve hep dikkatli olmuşlar.

ARILARIN İĞNESİ

Arılar şatosunda tüm işler düzenli olarak yapılırken, çiçek arkadaşlarından polen ve çiçek suyu toplamaya giden prenses arı Bzzy, dönüş yolunda çiçeklerin arasında, kelebeklerle oynayan yavru bir ayıya rastlamış. Yavru ayı çok şirinmiş, kahverengi tüyleri ve küçücük elleri varmış.

Yavru ayı Bzzy'i görünce, hemen yanına gitmiş ve merakla taşıdığı şeyin ne olduğunu sormuş. Bzzy ince ve narin sesiyle:

- Bu taşıdığım çiçek suyu, sepetin içindekiler de polen, yani çiçek tozu. Hepsini arılar şatosuna götürüyorum. Orada petek kaplarına dolduruyoruz ve kışın yemek için biriktiriyoruz. Tabi, çiçek suyunu peteğe boşaltmadan önce biraz bekletip "bal" yapıyoruz, demiş.

Yavru ayı "bal mı!" diye bağırmış. "O da ne?"

Bzzy:

- Tatmak ister misin? diye kibarca sormuş. Ve yanında yemek için taşıdığı balını yavru ayıyla paylaşmış. Yavru ayı balın tadına bayılmış. O kadar sevmiş, o kadar sevmiş ki... Neredeyse Bzzy'nin payını da bitirecekmiş.

Biraz sonra Bzzy, çalışmaya devam etmesi gerektiğini söyleyerek yavru ayının yanından ayrılmış.

Akşam olmuş, Renk Renk Çiçekler Ülkesi'nde yaşayan herkes evine girmiş. Yavru ayı, tüm akşam boyunca anne ve babasına Bzzy'nin tattırdığı balı anlatıp durmuş. Gece olunca, canı o baldan çok istemiş. Bütün gece "bal, bal" diye ağlamış.

Ertesi gün yavru ayının ilk işi, Bzzy ile karşılaştığı yere gitmek olmuş.

Ağaçların arasına saklanıp sessizce Bzzy'nin geçmesini beklemiş. Az sonra Bzzy uzaktan görünmüş. Yavru ayı Bzzy'i arılar şatosuna kadar takip etmiş. Böylelikle arılar şatosunun yerini kolayca öğrenmiş.

Sabah erkenden kalkıp arılar şatosunun olduğu yere gitmiş. Arılar şatosunun yanında yavru ayı kocaman görünüyormuş.

Şatonun tüm kapılarını kırmış, bütün genç prensesler ve prensler büyük bir korkuyla uyanmış. Kraliçe hemen bebek arıları korumak için onların yanına gitmiş. Yavru ayı ise büyük bir zevkle, şatodan çıkardığı balları yiyormuş. Arıların aylardır çalışarak biriktirdiği tüm balı bir seferde yemiş. Arıların hepsi çok korkmuş, bebek arılar ağlıyor, genç prensesler ayının kendilerine zarar vermesinden korkuyor ve saklanmaya çalışıyormuş. Prensler ise hem şatoyu hem ballarını hem de yavruları korumaya çalışsa da yeterli olmuyormuş. Yavru ayı, prenslerin bazılarını elleriyle savurarak kovmaya çalışırken olanlar olmuş. İki genç prensesle bir prens, ayının vurmasıyla yere düşmüş ve bir daha uçamamış. Çok acı çekiyor, bir yandan da ağlıyorlarmış.

Kraliçe, hemen Orman Perisi'nden yardım istemiş. Orman Perisi arılar şatosunun hâlini görünce çok üzülmüş. Kraliçe'ye, hazırladığı farklı bir karışımı genç prenseslere vermesini söylemiş.

Kraliçe, şatonun toplantı odasında prensesleri toplamış. Onlara, karınlarının ucunda bulunan ve ileride evlendiklerinde, bebek arı yumurtalarını peteklere koymak için kullanacakları boruyu iyice sivriltmelerini ve içine Orman Perisi'nin hazırladığı karışımı doldurmalarını emretmiş. Bu özel karışımı, iğne şekline getirdikleri boruyla yavru ayıya boşalttıklarında yavru ayının canı yanacak ve oradan uzaklaşmaya çalışacakmış.

Gerçekten de her şey Kraliçe'nin dediği gibi olmuş. Birkaç prenses arı, yavru ayının üstüne uçup onu iğneleriyle soktuklarında yavru ayının canı çok yanmış. Hızla oradan uzaklaşmış. Bu arada prens arılar, genç prenseslere maalesef yardım edememiş, çünkü onların bebek arı bırakma borusu yokmuş.

O günden sonra Orman Perisi, yaptığı sihirle, tüm prenses arıların bebek arı bırakma borusunu iğne hâline getirmiş ve içini bu özel karışımla doldurmuş. Artık sadece Kraliçe Arı yumurta bırakacakmış.

Yalnız, prenses arılara iğnelerini sadece şatoyu ve ballarını korumak amacıyla kullanmalarını, asla boş yere bu karışımı harcamamalarını söylemiş. İşte bu yüzden, yüzyıllardan beri prensesler şatolarını, kardeşlerini ve ballarını bu yöntemle korurlarmış.

Dikenli DEV

Arılar şatosundaki küçük sevimli arıların yaptığı balın büyüleyici tadı, mis gibi kokusu Renk Renk Çiçekler Ülkesi'nde yaşayan tüm hayvanlar arasında konuşuluyormuş. Herkes balın ne kadar güzel, tatlı bir yiyecek olduğundan ve onu yiyenlerin nasıl hızlı büyüdüklerinden bahsediyormuş. Ama hiç kimse, arılar şatosuna yaklaşıp bal almaya cesaret edemiyormuş. Çünkü genç prenses arılar şatoyu ve ballarını korumak için iğnelerini hazır tutuyor, ballarını almak isteyenleri bu iğnelerle sokup orman perisinin verdiği karışımı boşaltıyorlarmış. Böylece, kendilerine saldırıp ballarını çalmak isteyen tüm canlılardan rahatça kurtuluyorlarmış.

Günlerden bir gün, arılar şatosu yine büyük bir gürültüyle sarsılmış. Bu defa şatolarına saldıran kocaman dikenli bir devmiş. Bu kocaman devin sivri bir burnu ve karnında gri tüyleri varmış. Diğer yandan vücudunun üst kısmı tamamen büyük ve sivri dikenlerle kaplıymış. Bu dikenli devin adı "Kirpi"ymiş. Aslında Kirpi, arıların düşündüğü kadar büyük bir hayvan olmasa da arılar şatosunun yanında kocaman bir dev gibi görünmüş. Genç prensesler, her zamanki gibi iğnelerini iyice sivriltip dikenli devi şatodan uzaklaştırmaya çalışmışlar. Ama ne yazık ki Kirpi'ye bir türlü yaklaşamıyorlarmış. Kirpi'nin uzun dikenleri, arıların onu sokmasını engelliyormuş.

Kirpi böylelikle kolayca arılar şatosuna girmiş ve balın tadına bakmak için petek kaplarını bir bir ağzına boşaltmaya başlamış.

Şatodaki arılar çok büyük bir üzüntü içinde, ne yapacaklarını bilemez hâlde bir o yana, bir bu yana koşuştururken, en alt katta yaşayan genç prensesler Kirpi'nin karnında hiç diken olmadığını fark etmişler. Hemen Kraliçe'ye haber verip diğer prensesleri de şatonun alt salonunda toplamışlar. Bu arada bal yemenin keyfini çıkaran Kirpi, her şeyden habersiz, şatonun orta yerine uzanmış, elindeki petek kaplarını bitirmeye çalışıyormuş.

Kraliçe Arı, birrr, ikiiiii, üüüüüüüç diye bağırmış ve tüm arılar aynı anda Kirpi'nin diken olmayan karnına iğnelerini saplamış. Kirpi ne olduğunu anlayamadan acı içinde yere düşmüş. Şatodaki herkes sevinmiş. Bir kez daha, elele verip güçlüklerin üstesinden gelmenin mutluluğunu yaşıyorlarmış.

Ancak, bu kutlama pek uzun sürmemiş. Çünkü şatonun ortasında kocaman dikenli bir dev hareketsiz bir şekilde yatıyormuş. Bu devi kaldırmaya hiçbirinin gücü yetmemiş. Her biri devi bir yanından tutmuş ama bir türlü kaldıramamış. Dev tekrar uyanmadan, onu ya şatodan çıkarmaları ya da hareket etmesini önlemeleri gerekiyormuş.

Kraliçe telaş içinde Bilgin Arı'ya gitmiş. Bilgin Arı ile öğrencileri şatonun girişinde durur ve genç prenseslerin Renk Renk Çiçekler Ülkesi'nden getirdiği her şeyi şatoya girmeden önce kontrol eder, pis ve tehlikeli olanları hemen dışarı atarlarmış. Kraliçe, Bilgin Arı'ya olanları anlatmış.

Bilgin Arı:

- Hepsinden haberim var Kraliçem. Yalnız, şatodaki tüm arıları bile toplasak, Kirpi'yi yerinden kaldırmamız imkansız! demiş.

Kraliçe arı büyük bir umutsuzluk içinde,

- Peki, onu ortadan kaldırmanın hiç yolu yok mu? diye sormuş.

Bilgin Arı:

- Aslında belki vardır ama deneyip görmek lazım, demiş. Geçenlerde bizim maceracı Mini ve Piti ormandaki ağaçlardan sakız gibi yapışkan, sakız gibi uzayan kahverengi bir şey getirdiler. Ona arı dilinde sakız demek olan "*propolis*" adını verdim. İçinde kötü, pis, tehlikeli hiçbir şey yok; hatta mikropları öldürüyor. Hıııımm, eğer Kirpi'yi propolisle kaplarsak asla hareket edemez ve bize zarar veremez, demiş.

Kraliçe bütün prenseslere ağaçlardan, çiçeklerden bulabildikleri kadar çok propolis toplamalarını emretmiş. Herkes etrafta ne kadar propolis varsa şatoya getirmiş. Hep birlikte Kirpi'nin her tarafını propolisle kaplamışlar. Böylelikle hem Kirpi hareketsiz şekilde kovan içinde hapis kalmış hem de Kirpi'nin dışarıdan getirdiği ve üzerinde taşıdığı tüm mikroplar ölmüş.

O günden sonra propolisi, mikrop gelebilecek her yere sürmüşler. Şatodaki delikleri, mikropların girmemesi için hep propolisle doldurmuşlar. Hatta Bilgin Arı, propolisten krem yapıp genç prenseslerin ağaçların dallarından, çiçeklerin dikenlerinden çizilen yerlerine; minik arılar koşup oynarken düştüklerinde dizlerine bu kremi sürmüş. Böylelikle, onlara zarar verecek mikropların hepsinden Propolis sayesinde kurtulmuşlar.

SOĞUK KIŞ MEVSİMİ

Renk Renk Çiçekler Ülkesi'nde güzel yaz günleri çabucak geçivermiş. Havalar yavaş yavaş soğumaya, sert rüzgarlar esmeye başlamış. Prenses arılar artık uçmaya çıkamaz olmuş. Kraliçe tüm arı ailesini toplamış ve artık kışın geldiğini söylerek şatonun kapılarını kapatmalarını emretmiş. İçeri soğuk girmesin diye, tavandaki, kapıdaki ve duvarlardaki tüm delikler propolisle kaplanmış.

Şatoda kışın yetecek kadar bal varmış. Her sabah yedikleri koca bir kaşık bal, onları tüm gün boyunca sıcacık tutuyor ve kışı şatonun içinde oyun oynayarak geçiriyorlarmış.

İlk kar tanelerini şatonun penceresinden bakan Dzzy görmüş. Hemen koşup herkese haber vermiş. Tüm prensesler yavaş yavaş yağan karı şatonun pencerelerinden izlemiş.

Kar günlerce yağmış. Şatonun çatısı, pencereleri karla dolmuş. Artık neredeyse dışarısı görünmüyormuş. Sabahları yedikleri bal, prensesleri ısıtmaya yetmiyor, koca bir kaşık da akşamları yiyorlarmış. Kış mevsimi gerçekten çok soğuk geçiyormuş. Bir yandan soğuğa dayanmaya çalışıyorlar, diğer yandan da arkadaşları Güneş'in sıcaklığını çok özlüyorlarmış.

Her biri şatonun bir yanında soğuktan titrerken, Kraliçe:

- Değerli prenseslerim, hadi her zamanki gibi elele tutuşun ve birbirinize sarılın. Sıcaklığınız hem kardeşlerinizi hem de sizi ısıtsın. Ancak bu şekilde kışı geçirebiliriz. Tek başınıza üşürken, hep birlikte olduğunuzda nasıl ısındığınızı siz de fark edeceksiniz, demiş.

Bütün prensesler, şatonun ortasında toplanmışlar ve birbirlerine sımsıkı sarılmışlar. Nefesleri şatoyu ısıtmış, sevgileri ise kendilerini...

Dışarıdan, sanki arılardan yapılmış büyük bir top gibi görünüyorlarmış. En soğuk kış gecelerinde bile, bu şekilde uyuyarak hiç üşümemişler.

Bir sabah, çok güzel bir şarkıyla uyanmışlar. Şatonun penceresinden baktıklarında, en sevdikleri arkadaşları Güneş'in artık bulutların arkasından çıkıp kendilerine gülümsediğini fark etmişler.

Polen:
- Arkadaşlar, sanırım kış bitti, bahar geldi! Yaşasın! diye sevinçle bağırmış.

Şatonun kapıları açılmadan önce, Kraliçe her zamanki gibi tüm prensesleri çağırmış. Onlara,
- Sevgili prenseslerim, çok zor bir kış geçirdik. Ama artık bahar geldi. Yeniden Güneş'e ve çiçek arkadaşlarımıza kavuşacağız. Yalnız çok dikkatli olun. Tüm kışı şatonun içinde geçirdiniz, hemen uçmaya gitmeniz tehlikeli olabilir. Her ne kadar Güneş o gülen yüzünü bize gösterse de hava hemen ısınamaz. Üşütüp hasta olmanızı istemiyorum. Ayrıca, önce şatomuzun kapılarını açıp iyice havalandırmalı ve güzel bir bahar temizliği yapmalıyız, demiş.

Şatonun kapıları ağır ağır açılmış. Prenseslerin hepsi çok heyecanlıymış. Eski propolisler temizlenmiş, pencereler silinmiş ve petekler yıkanmış. Sıra şatoyu havalandırmaya gelmiş. Ama pencereler o kadar küçükmüş ki giren hava koskocaman şatoyu havalandırmaya yetmiyormuş. Çaresiz bir şekilde Kraliçe'ye gidip ne yapmaları gerektiğini sormuşlar. Kraliçe gülümsemiş ve sadece:

- Tüm yaşamınız boyunca yaptığınızı yapın, birlik olun, hep birlikte hareket edin! diyerek yanlarından uzaklaşmış.

Kraliçe'nin dediklerinden kimse bir şey anlamamış. Herkes birbirine şaşkın şaşkın bakarken, Mini heyecanla "Buldum." demiş. Kraliçe kışın yaptığımız gibi sarılmamızı istemiş olmalı. Piti hemen "Hayır, olamaz; eğer sarılırsak şato nefeslerimizden daha da havasız hale gelir." diye cevap vermiş. Bzzy:

- O zaman tam tersini yapalım, hepimiz şatonun her tarafına dağılalım ve biiiiirr ikiiii üüüüç deyince aynı anda kanatlarımızı hızlıca çırparak içerdeki havanın hareket etmesini ve dışarı çıkmasını sağlayalım.

- Eveeeet! demiş Dzzy. Bu harika bir fikir! Birlik olmak, sadece sarılmak değildir ki... Aynı şeyi yapmaya karar vermek, birbirimize yardımcı olmaktır aslında. Bence, sevgili Kraliçe'nin demek istediği de buydu!

Bunun üzerine tüm arılar, şatonun her yerine dağılmış. Bzzy'nin "biiiir, ikiii, üüüüççç" demesiyle hepsi aynı anda pervane gibi kanat çırpmaya başlamış. Şatonun içinde güzel bir esinti oluşmuş ve bu esinti, kirli havayı götürüp yerine taptaze, mis gibi bahar havası getirmiş.

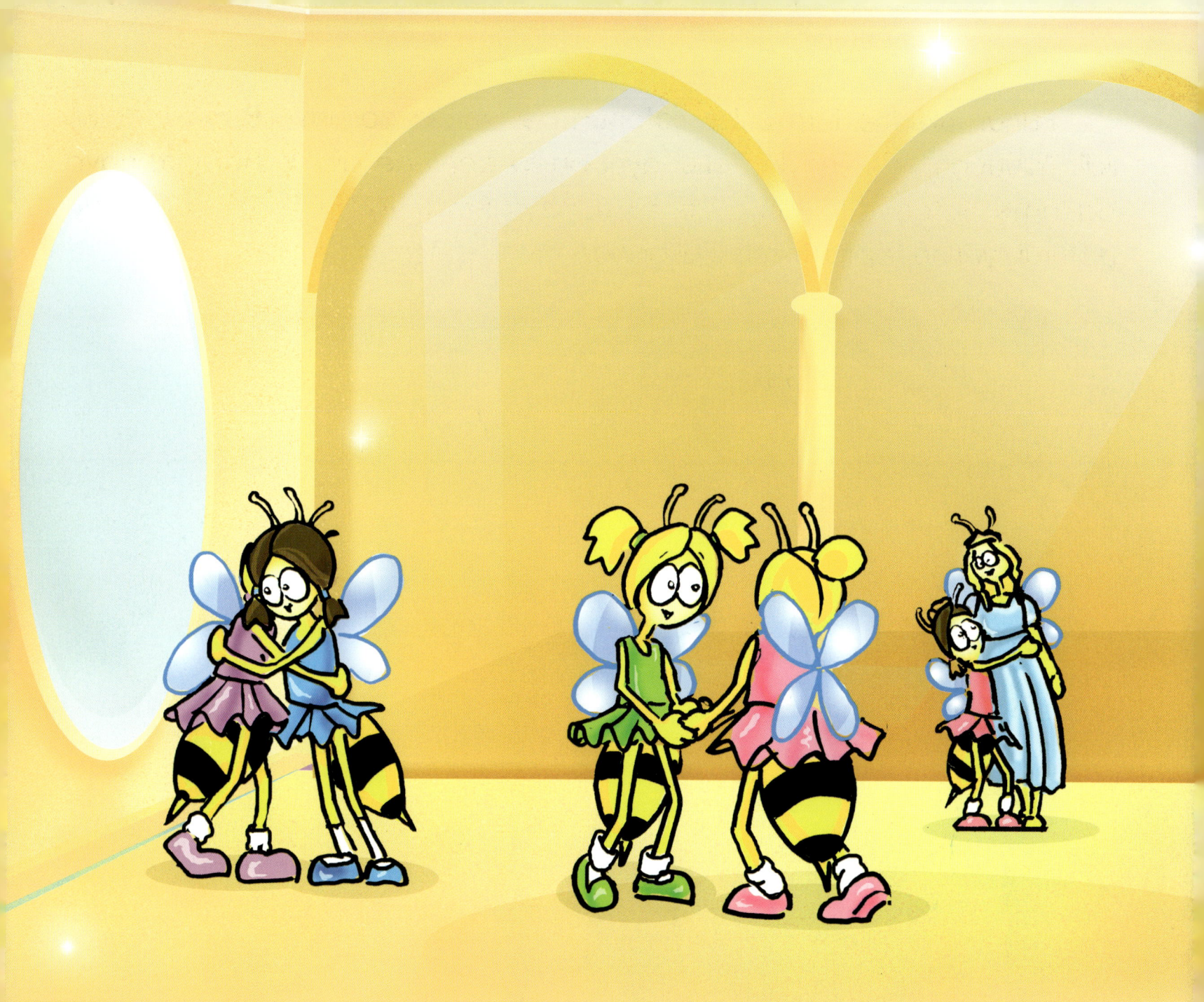

Arılar bir kez daha, hep birlikte hareket etmekle birçok şeyi başarabileceklerini anlamışlar. Ardından da birbirlerini tebrik edip sevgiyle kucaklaşmışlar.

İNSANLARLA ANLAŞMA

Arılar şatosu, çok zor bir kışı geride bırakıp ilkbaharı karşılamış karşılamasına ama Kraliçe hâlâ endişeliymiş. Çünkü yavru ayı ve Kirpi'nin şatolarına arka arkaya saldırması, ardından gelen soğuk kış, hem prensesleri hem prensleri çok yormuş. Kraliçe, yorulmalarına üzülmenin yanında, başlarına daha kötü bir şey gelmesinden de korkuyormuş. Her defasında yine kurtulma şansları olabilir mi diye merak ediyormuş.

Prensesler ve prensler ise baharın gelmesinden dolayı çok mutluymuş; şatonun içinde, dışında, her yerde sevinçle dans ediyor, şarkı söylüyorlarmış. Çiçek arkadaşlarını çok özledikleri için tüm günü beraber de geçirseler, bir türlü onlarla oynamaya doyamıyorlarmış.

Melis ve çiçek arkadaşı Üçgül de diğerleri gibi oynarken, birden Güneş'in önüne koca bir gölge gelmiş. Melis başını kaldırıp baktığında ne görsün, bu seferki dev hem daha kocaman hem de iki ayaklıymış. Yanında da ona benzer, ama biraz daha küçük olan başka bir dev varmış.

Üçgül telaşla Melis'e:

- Hemen yapraklarımın arasına gir, bunlar insan! Eğer beni koparırlarsa sen uç ve kendini kurtar, demiş.

Melis çok korkmuş ve Üçgül'ün arkasına saklanmış. İnsanlardan daha küçük olanı yere doğru eğilmiş ve Üçgül'ü okşayarak:

- Sen ne kadar da güzel bir çiçeksin. Seni koparıp evimize götürmek isterdim, ama annem dedi ki, eğer çiçekleri koparırsak, vazonun içinde çok az yaşayabilirler, hem de kendi evlerini özlerler. O yüzden seni burda seveceğim, demiş.

Minik devin elinin Üçgül'e doğru yaklaştığını gören Melis, arkadaşını korumak için tam deve iğnesini sokmaya hazırlanıyormuş ki küçük devin söylediklerini duyan orman perisi Melis'e engel olmuş.

Ardından da yaptığı sihirle, bu iki insan devin, Melis ve Üçgül'ün sesini duyabilmesini ve konuştuklarını anlayabilmelerini sağlamış. Çünkü, minik devin içindeki çiçek sevgisi Orman Perisi'ni çok etkilemiş. Bunun üzerine Üçgül:

- Çok teşekkür ederim. Beni beğendiğinize gerçekten çok sevindim, demiş biraz utanarak…

Minik dev, çiçeğin konuştuğuna inanamamış. Heyecanla biraz daha büyük olan ablasını çağırmış:

- Heyyy!! Abla çabuk gel, burdaki çiçek konuşuyor!

Ablası yanına geldiğinde, Üçgül her ikisine de isimlerini sormuş:

- Benim adım Defne! Bu da kardeşim Deren! demiş abla dev.

Üçgül'ün arkasına saklanan Melis yavaşça ortaya çıkarak:

- Ne kadar da büyüksünüz, demiş.

Defne kocaman bir kahkaha atmış. Biz daha çocuğuz, büyük olan anne ve babamız. Ama doğru, siz o kadar küçüksünüz ki biz size çok büyük görünüyoruz, demiş.

Bu kısa tanışmanın ardından tatlı bir sohbet başlamış. Deren, Melis ile Üçgül'ün arkadaşlığına hayran kalmış.

- Her gün mü buluşuyorsunuz? diye sormuş merakla.

Melis:

- Evet, her gün! Hem oyun oynuyoruz hem de Üçgül'ün bana verdiği polen ve çiçek suyunu arılar şatosuna götürüp "bal" yapıyorum, demiş. Sonra da telaş içinde "Ayyy! Bunu söylememeliydim. Şimdi o balı almak için şatoya saldıracaksınız, biliyorum." diyerek ağlamaya başlamış. Defne:

- Hiç öyle şey olur mu! Aslında gerçekten şatonuzu çok merak ettim, misafir olarak sizi ziyaret etmek isteriz. Eğer misafirlerinize balınızdan ikram ederseniz, tadına bakmış oluruz, ama saldırmak çok kötü bir şey, bunu asla yapmayız, demiş.

Defne ve Deren, arılar şatosuna gittiklerinde gözlerine inanamamışlar. Herkes öyle çalışkan ve öyle düzenliymiş ki... Melis, Defne ve Deren'i Kraliçe ile tanıştırmış. Kraliçe önce çok korkmuş, ama ardından Orman Perisi'nin de bu iki kardeşi çok sevdiğini görünce içi rahatlamış. Onlara nasıl zor bir kış geçirdiklerini, yavru ayıyı ve Kirpi'yi anlatmış. Kirpi'nin hâlâ şatonun içinde propolisle kaplı olarak durduğunu söylemiş.

Deren bunu duyar duymaz hemen parmaklarının ucuyla Kirpi'yi almış ve şatodan uzaklaştırmış. Minnacık bir arı için imkânsız olan bu iş, bir insan için ne kadar da kolaymış.

Deren'i büyük bir şaşkınlıkla izleyen Kraliçe'nin aklına mükemmel bir fikir gelmiş.

- Siz insanlar acaba bize bakıp bizi saldırılardan ve soğuk kıştan koruyabilir misiniz? Biz de karşılığında size, yaptığımız balın yarısını veririz. Çünkü bal, polen, arı sütü nasıl bizi büyütüp güçlendiriyorsa, eminim size de aynı şeyi yapar.

Bu fikri duyan Defne, önce çok sevinmiş. Ama sonra, arıların iğneleri aklına gelmiş:

- Peki ya iğneleriniz ne olacak? Ya insanları sokarsanız?

Bu soru üzerine Orman Perisi sohbete katılmış ve:

- Arılar şatosundaki arıların iğneleri sonsuza dek duracak. İnsanlar onları koruyabilir, onlara bakabilir, ama uçtukları her yerde arıları takip edemezler ki... Hem arılara ne zaman, hangi hayvanın saldıracağı da hiç belli olmaz. Artık, Renk Renk Çiçekler Ülkesi'ndeki herkes balın ne kadar güzel ve faydalı olduğunu biliyor. Hatta, insanlardan da mutlaka kötü niyetli olanlar çıkacaktır. Arılara hiç bakmadan, onları korumadan, sadece ballarını almak isteyenler olacaktır. İşte tüm bunlar için arılarımın iğneleri ve hazırladığım karışım hep bir güvence olarak kalmalı! demiş.

Deren:

- Peki ama o zaman siz arılar, size bakmaya gelen insanlarla kötü kalpli olup sadece balınızı almak isteyenleri nasıl ayırt edeceksiniz? diye sormuş.

Epeyce yaşlı olmasının verdiği deneyimle Bilgin Arı:

- Bize bakan, koruyan insanlar geldiklerinde veya şatoya yaklaştıklarında dumanla bize haber verebilirler. Dumanla işaret vermeyi sadece bakıcı insanlar, yani arıcılar bilebilir. Biz de dumanı görünce, gelen insanın bizim arıcımız olduğunu anlar, onu sokmayız. Bize dumansız yaklaşmaya çalışanı ise bütün arılar iğneleriyle sokar.

- Bir de biz kendi yolumuzda uçup şatomuza giderken, yolda rastladığımız ve bizi görünce korkup elini kolunu sallayan insanları da engellemek zorundayız, diye eklemiş Melis.

- Onlar, ellerini sallayarak kendilerini koruduklarını sanıyorlar, ama bilmeden bize zarar verebilirler, biz de kendimizi iğnemizle koruruz, demiş.

Defne ve Deren o akşam, tüm olanları anne ve babasına anlatmış. Babaları ertesi gün, Defne ve Deren'le birlikte arılar şatosuna gitmiş. Kraliçe ile uzun uzun konuşmuş. Sonunda, çok önemli bir anlaşmaya varmışlar. Bundan böyle insanlar arılara bakacak, çiçek suyu olmadığı zaman onlara şekerli su yapacak, hasta olduklarında doktora götürecek, tehlikelerden koruyacak ve kışın onları sıcak bir yerde tutacak, arılar da karşılığında ballarını, polenlerini, arı sütlerini ve propolislerini insanlarla paylaşacakmış.

Çocukların babası, arıların yine de kendilerini korumaları gerektiğini düşündüğünden,

- Arıcılık yapanlar, kendilerini dumandan ve iğnelerden koruyacak bir kıyafet giysin, sizler de hem dumanla hem de bu kıyafetle arıcıları tanırsınız, demiş.

Kraliçe bu teklifi memnuniyetle kabul etmiş.

O günden sonra insanlarla arılar çok iyi dost olmuşlar. Onlara zarar vermediğimiz sürece, iğnelerini kullanmayacaklarına söz vermişler. Kraliçe Arı, artık şatodaki arılar için endişelenmekten kurtulmuş.

İnsanlar da arılarla dost olup bal yemeye başlayınca onlardan arı gibi çalışkan, arı gibi dürüst, arı gibi temiz, arı gibi doğru, arı gibi zeki, arı gibi dayanışma içinde olmayı öğrenmişler...